CALVIN et HOBBES
WATTERSON

JE CROIS QUE C'EST MA SAISON PRÉFÉRÉE ! LA NOUVELLE NEIGE EMBELLIT TOUT.

WHOAAAAAA !
WUMPH !

JE CROIS QUE C'EST MA SAISON PRÉFÉRÉE. LA NOUVELLE NEIGE ÉTOUFFE LES BRUITS DE PAS ! HO HO HO HO !
VIVEMENT LE PRINTEMPS !
WATTERSON

CALVIN et HOBBES
WATTERSON
DÉVALONS CETTE PENTE ET RENTRONS.

POURQUOI SE PRESSER ?
IL Y A DE LA LUGE À LA TÉLÉ !

À MON AVIS, LA TÉLÉ VALIDE LA VIE.

PRENDS CETTE DESCENTE PAR EXEMPLE. L'EXPÉRIENCE EST ÉPHÉMÈRE. DEMAIN NOUS L'AURONS OUBLIÉE, UN PEU COMME SI RIEN NE S'ÉTAIT PASSÉ.

MAIS SI NOUS PASSIONS À LA TÉLÉ, DES MILLIONS DE TÉLÉSPECTATEURS PARTAGERAIENT L'ÉVÉNEMENT ! IL FERAIT PARTIE DE L'INCONSCIENT COLLECTIF !

À LA TÉLÉ, L'IMPACT D'UN ÉVÉNEMENT EST DÉTERMINÉ PAR L'IMAGE, ET NON PAR SA SUBSTANCE !

ET AVEC DES IMAGES FORTES, CETTE GLISSADE POURRAIT TRÈS BIEN FAIRE DE NOUS DE VRAIES STARS !

AU LIEU D'ÊTRE CES VIEUX CALVIN ET HOBBES, NOUS SERIONS "CALVIN ET HOBBES VUS À LA TÉLÉ" ! ÇA SERAIT SUPER, NON ? T'AIMERAIS PAS PASSER À LA TÉLÉ ?

EN CE MOMENT, JE PRÉFÈRE MON ANONYMAT !
NOUS DEVRIONS VISER UN PUBLIC D'INTELLECTUELS, TU NE CROIS PAS ?
WATTERSON

J'AI RATÉ LE BUS, MAMAN.
OH NON !

VITE ! SAUTONS DANS LA VOITURE ! SI TU FONCES, TU POURRAS DÉPASSER LE BUS ET ME LAISSER À UN ARRÊT SUIVANT, OÙ JE POURRAI ATTENDRE LE BUS !

ALLEZ ! QU'EST-CE QUE T'ATTENDS ? FAIS CHAUFFER LA VOITURE !

QUELLE FAINÉAN-TE !

PRÊT... EN JOUE...

AU LIT, FISTON !
OH MAMAN, JE PEUX PAS VOIR LA SUITE ?

NON ! TU DOIS DORMIR. ALLEZ !
JE PEUX ENCORE REGARDER UN QUART D'HEURE, S'TE PLAÎT ? BON, JUSTE DIX MINUTES, PUIS JE FILERAI AU LIT ! CINQ MI-NUTES ! JUSTE CINQ MINUTES, HEIN ?

ÉTEINS-MOI ÇA !
ÉCOUTE, JE REGARDE JUSTE CES QUELQUES PUBS, D'AC ? TIENS, C'EST LA PUB DE MES BONBONS PRÉ-FÉRÉS !

J'AI PERDU TOUTE DIGNITÉ.

CaLViN et HoBbEs

WATTERSON

OH NON! JE VIENS DE ME RAPPELER QUE C'EST LE JOUR DE MON EXPOSÉ! JE DOIS TROUVER QUELQUE CHOSE À PRÉSENTER! AH!
BOMBES SUCRÉES AU CHOCOLAT

TU NE POUVAIS PAS Y PENSER PLUS TÔT? LE BUS ARRIVE DANS DEUX MINUTES!
QU'EST-CE QUE JE PRENDS? IL ME FAUT QUELQUE CHOSE.

J'AI ... AH...
ATCHOUM

ÇA Y EST, JE L'AI! ON A UN SAC EN PLASTIQUE?
JE NE VEUX PAS VOIR ÇA. JE NE VEUX PAS VOIR ÇA. JE NE...

TU VOIS? TU VOIS? TRIBORD EST À DROITE! ET BABORD À GAUCHE!
BON, J'AI EU TORT POUR LA PREMIÈRE FOIS DE MA VIE! O.K.!

AAAAAH! J'AI RATÉ! CES FICHUES MOUFLES FOURRÉES! LA NEIGE COLLE ET ON NE PEUT PAS TIRER DROIT! ZUT! ZUT! ZUT!

JE HAIS CES MOUFLES FOURRÉES! SI SEULEMENT MAMAN M'AVAIT DONNÉ DES GANTS AVEC DES DOIGTS AU LIEU DE CES HORRIBLES MOUFLES POURRIES.

WHAP!

C'EST VRAI! MES MOUFLES ONT DES DOIGTS!

CALVIN et HOBBES
WATTERSON
SPIFF, L'INCROYABLE SPATIO-NAUTE, L'EXTRAORDINAIRE EXPLORATEUR INTERPLANÉTAIRE APPROCHE D'UNE PLANÈTE ÉTRANGÈRE !

À CHAQUE JOUR SA NOUVELLE AVENTURE FANTABULEUSE !

SPIFF, LE TÉMÉRAIRE SPATIONAUTE, RASE LA PLANÈTE QUORG, UN MONDE DÉSOLÉ DE GORGES ET DE CANYONS PROFONDS !

CHERCHANT UNE VIE, NOTRE HÉROS SCRUTE CES ÉTRANGES FORMES ROCAILLEUSES !

... DES FORMATIONS ROCHEUSES TRÈS PARTICULIÈRES... UN PEU TROP PEUT-ÊTRE !

SOUDAIN, NOTRE HÉROS RÉALISE QUE CE PAYSAGE N'A PAS ÉTÉ CRÉÉ PAR DES FORCES GÉOLOGIQUES ! SPIFF MET LES GAZ !

ALORS QUE SPIFF CHERCHAIT UN ALIEN, L'ALIEN CHERCHAIT SPIFF ! PAS DE DOUTE, IL VOULAIT DU TERRIEN POUR LE DÎNER !

CALVIN, OÙ ES-TU ? LE DÎNER EST PRÊT !
AAAGH ! SPIFF FONCE DANS L'HYPER-ESPACE !
WATTERSON

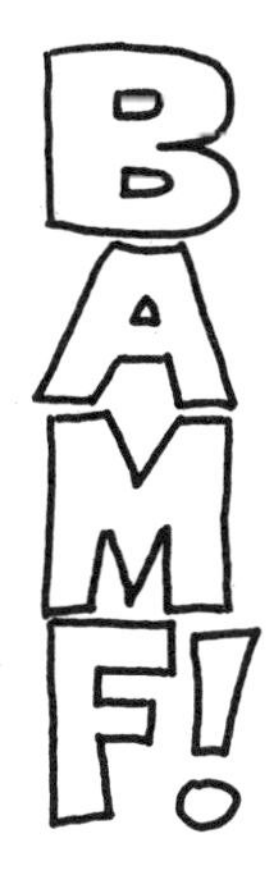
B
A
M
F !

N'IMPORTE QUEL CRÉTIN PEUT FAIRE UN BONHOMME DE NEIGE, MAIS SEUL UN GÉNIE COMME MOI FAIT DE L'ART.

CETTE SCULPTURE DE NEIGE TRANSCENDE LA COPIE CORPORELLE POUR EXPRIMER LES PROFONDES VÉRITÉS DE LA CONDITION HUMAINE ! ELLE PARLE DE DOULEUR ET DE SOUFFRANCE !

UN REGARD SUR CE VISAGE TORTURÉ CONFIRME QUE SON ARTISTE A BU LE CALICE DE LA VIE JUSQU'À LA LIE ! CETTE ŒUVRE DURERA ET MARQUERA LES GÉNÉRATIONS FUTURES !

TU CONTINUES L'ART-NEIGE ?
OUAIS !

HIER, TA SCULPTURE A FONDU !
CETTE FOIS, JE TIRE PARTI DE L'IMPERMANENCE DE MON ART !

CETTE SCULPTURE PARLE DE TRANSITION . EN FONDANT, ELLE INVITE LE SPECTATEUR À CONTEMPLER L'ÉVANESCENCE DE LA VIE. CETTE ŒUVRE PARLE DE L'HORREUR DE NOTRE PROPRE MORTALITÉ !

HÉ, DÉBILE ! IL FAIT TROP CHAUD POUR CONSTRUIRE UN BONHOMME DE NEIGE ! QUEL CRÉTIN ! HAHAHA !
UN PHILISTIN QUI PASSE .
LES GÉNIES SONT TOUJOURS INCOMPRIS DE LEUR VIVANT !

ALORS, TON ART-NEIGE AVANCE ?
JE SUIS PASSÉ À L'ABSTRAIT !

AH.
CETTE PIÈCE EXPRIME L'INADÉQUATION DE L'IMAGERIE TRADITIONNELLE ET DES SYMBOLES POUR PARLER DU MONDE D'AUJOURD'HUI !

EN ABANDONNANT LE REPRÉSENTALISME, JE SUIS LIBRE DE M'EXPRIMER AVEC UNE FORME PURE. UNE INTERPRÉTATION SPÉCIFIQUE LAISSE LA PLACE À UNE RÉPONSE PLUS VISCÉRALE.

JE REMARQUE QUE TON ŒUVRE EST MONOCHROME !
BEN QUOI, C'EST QUE DE LA NEIGE !

PAPA, SI TU JETTES UNE BOULE DE NEIGE SUR QUELQU'UN EN LE LOUPANT DÉLIBÉRÉMENT, EST-CE QUE C'EST MAL ?

BEN, ÇA RESTE UN PEU DE LA PROVOCATION, ALORS OUI, C'EST UN PEU MAL.
AUSSI MAL QUE SI TU LE TOUCHES ?

NON, PAS AUSSI MAL, MAIS PLUS QUE SI TU N'AVAIS RIEN FAIT.
ET SI TU EFFLEURES JUSTE LA PERSONNE, C'EST MAL COMMENT ?

DISONS PAR EXEMPLE SI TU LUI FAIS TOMBER SON BONNET ET SES LUNETTES ?
CE SERAIT LA MORT INSTANTANÉE !

CE GÂTEAU EST DÉLICIEUX ! JE PEUX EN MONTER UN BOUT À HOBBES ?
NON, TU EN AS ASSEZ EU !

J'AI PAS DIT POUR MOI. J'AI DIT POUR HOBBES !
JE NE PENSE PAS QUE 'HOBBES' EN VEUILLE.

ET POURQUOI ?
HUM... PARCE QUE LES TIGRES DOIVENT RESTER MINCES ET BEAUX.

C'EST CE QU'ELLE A DIT !
JE SUIS MINCE ET BEAU ! DIS-LUI QUE LE GÂTEAU AU CHOCOLAT ME LUSTRE LE POIL.

Calvin et Hobbes
WATTERSON

SSSSSS
SSSSSS

SI LA VIE OFFRE MIEUX QUE ÇA, JE ME DEMANDE CE QUE C'EST.

POURQUOI ALLER À L'ÉCOLE ? POURQUOI NE PAS RESTER À LA MAISON ?

POURQUOI DOIS-JE APPRENDRE ? POURQUOI NE PAS RESTER TEL QUE JE SUIS ? POURQUOI TOUT ÇA ? POURQUOI LES CHOSES SONT-ELLES AINSI ? POURQUOI NE PEUVENT-ELLES ÊTRE DIFFÉRENTES ?

LA VIE EST PLEINE DE MYSTÈRES. À CET APRÈS-MIDI !

À 7 HEURES DU MAT', MAMAN N'EST PAS TRÈS PHILOSOPHE.

C'EST BON ?
OUI.

ALORS PRÉPARE-TOI !

LÀ !
CLICK
SMASH

DOMMAGE QUE L'APPAREIL SE SOIT OUVERT À L'ATTERRISSAGE. ÇA AURAIT FAIT UNE SUPER PHOTO !

HA ! J'AI UN MOT GÉNIAL ET IL PASSE PAR "MOT COMPTE DOUBLE" !

"ZQFMGB" N'EST PAS UN MOT ! Y A MÊME PAS DE VOYELLE !
C'EST UN VRAI MOT ! C'EST UN VER DE NOUVELLE-GUINÉE, TOUT LE MONDE LE SAIT !

JE VAIS VÉRIFIER.
SI TU FAIS ÇA, JE REGARDERAI POUR TON MOT EN 12 LETTRES AVEC LES X ET LES J !

TU FAIS COMBIEN AVEC ZQFMGB ?
957 POINTS.

HÉ, PAS DE TÉLÉ AVANT D'AVOIR FINI TES DEVOIRS !
ILS SONT EN TRAIN DE SE FAIRE.

PAS SI TU RESTES ASSIS ICI !
HOBBES LIT LE LIVRE POUR MOI.

QUAND J'AURAI REGARDÉ LA TÉLÉ, IL ME RACONTE-RA DE QUOI IL PARLE ET JE LUI DIRAI CE QUE J'AI VU ! COMME ÇA, ON FAIT DEUX FOIS PLUS DE CHO-SES EN MÊME TEMPS !

MAMAN DIT QUE TU DEVRAIS REGARDER LA TÉLÉ, ET MOI, LIRE CE FICHU LIVRE.
BEURK, J'AIME QUE LES DO-CUMENTAIRES ANIMALIERS.

HÉ, MINUS, DONNE-MOI DES SOUS !

QUOI ?! POURQUOI JE TE DONNERAIS MON ARGENT ?!

C'EST POUR L'ASSOCIA-TION "LAISSONS VIVRE CALVIN".
ÇA M'A L'AIR D'UNE BONNE CAUSE.

SA DEVISE EST "DONNE AVANT QUE ÇA FASSE MAL".

MAMAAAN ! JE VEUX UN VERRE D'EAU !

MPHH... CALVIN ? IL EST MINUIT PASSÉ... VAS-Y TOI-MÊME.
JE PEUX PAS. Y A DES MONS-TRES SOUS MON LIT ! J'AI PEUR !

D'ACCORD... D'ACCORD...

AAAAAH !

calvin et HoBBes
WATTERSON

IL Y A 140 MILLIONS D'ANNÉES, LES INCROYA-BLES "ULTRASAURES" DOMINAIENT LA TERRE! ILS PESAIENT PLUS DE 70 TONNES ET MÊME LES FÉROCES RAPTORS NE FAISAIENT PAS LE POIDS...

MAIS... UNE MINUTE! UN GRONDEMENT PANIQUE LES ULTRA-SAURES! EST-CE UN VOLCAN? UN TREM-BLEMENT DE TERRE?

NON! C'EST... UN CALVINOSAURE!

BAPTISÉ D'APRÈS LE CÉLÈBRE PALÉONTOLOGISTE QUI L'A DÉCOUVERT, LE CALVINO-SAURE PEUT DÉVORER UN ULTRASAURE EN UNE BOUCHÉE.

PFF! JE NE TROUVERAI JAMAIS RIEN!
ON DIRAIT QUE TU VIENS DE TOUCHER LES ÉGOUTS.

HOBBES, LANCE CE JEU DE CARTES EN L'AIR ET JE PLOMBE L'AS DE PIQUE !
SUPER ! UN TOUR DE CARTES !

FEU !
BLAM BAM PANG ZING BOUM BANG

LE VOILÀ ! SIX TROUS PARFAITS AUTOUR DE L'AS !
PAS MAL, HEIN ? TU VEUX SAVOIR COMMENT J'AI FAIT ? JE L'AI PRÉPARÉ AVEC UNE PERFOREUSE !

HMM, APRÈS RÉFLEXION, JE PASSE !
HÉ, C'EST QUOI CE JEU ?!

CE MATIN, J'AI FAIT UN RÊVE MERVEILLEUX. EN ME METTANT À PLAT VENTRE ET EN POUSSANT FORT SUR MES BRAS, JE ME SUIS APERÇU QUE JE POUVAIS FLOTTER UN PEU AU-DESSUS DU SOL. EN BATTANT UN PEU DES BRAS, JE ME SUIS MIS À FLOTTER AU-DESSUS DES ARBRES ET DES POTEAUX TÉLÉPHONIQUES. JE POUVAIS VOLER ! J'AI REPLIÉ MES BRAS ET J'AI FONDU SUR LE VOISINAGE. TOUT LE MONDE S'EST ENFUI QUAND J'AI PIQUÉ. JE RIAIS EN FAISANT DES LOOPINGS DANS LE CIEL !... ET ALORS MAMAN M'A RÉVEILLÉ ET M'A DIT QUE J'ALLAIS RATER LE BUS SI JE NE SORTAIS PAS MON DERRIÈRE DU LIT. VINGT MINUTES PLUS TARD, JE SUIS LÀ, DEBOUT SOUS LA PLUIE FROIDE, ATTENDANT D'ALLER À L'ÉCOLE, ET JE VIENS DE ME RAPPELER QUE J'AI OUBLIÉ MON DÉJEUNER.

MÊME LES LUNDIS NE DÉMARRENT PAS AUSSI MAL !

J'AI RÉUSSI ! J'AI RÉUSSI !

QUELQUE PART, J'IMAGINAIS QUE CETTE EXPÉRIENCE SERAIT PLUS ENRICHISSANTE.

OOH! LE PETIT HOBBI-CHOUNET FAIT DODO! OOOH! LE GROS MINOU, MINOU! OH OUI, ÇA C'EST UN GROS MINOU TOUT DOUX!

GLOMP!
HE HE

AÏE! LÂCHE-MOI, CARNIVORE SANGUINAIRE!
AÏE! AÏE!

JE COMPRENDS POURQUOI LES GENS PRÉFÈRENT LES CHATONS.

IL ÉTAIT UNE FOIS UN...
ATTENDS!

TU SAIS CE QUE J'AIME-RAIS? QUE LES TROIS OURS DÉVORENT LES TROIS PETITS COCHONS ET PUIS QU'ILS S'ALLIENT AU GRAND MÉCHANT LOUP ET MANGENT LE PETIT CHAPERON ROUGE

RACONTE-MOI UNE HISTOIRE COMME ÇA, D'AC?

ET HANSEL ET GRETEL, QU'EST-CE QUI LEUR ARRIVE?
LA SOR-CIÈRE LES MANGE ET LE LOUP DÉVORE LA SORCIÈRE.

HÉ, PAPA, JE PEUX PRENDRE L'ESSENCE DE LA TONDEUSE DANS LA COUR?

ET POUR QUOI FAIRE? IL EST L'HEURE DE SE COUCHER!
JE VEUX TRACER DE GRANDES LET-TRES SUR LE GAZON...

...ET LES ENFLAMMER POUR QUE LES AVIONS PUISSENT LES LIRE!
NON, C'EST HORS DE QUESTION! NE SOIS PAS RIDICULE!

JE NE VEUX MÊME PAS SAVOIR CE QU'IL PENSAIT ÉCRIRE.

CALVIN et HOBBES
WATTERSON
ATTENTION CHUTE DE BILLES !

HÉ, VOILÀ QUELQU'UN !

JE DÉCLARE OUVERTE LA RÉUNION DU CLUB TOP SECRET DÉFI (DEHORS ÉNORMES FILLES INFORMES). AUJOURD'HUI, L'ASSEMBLÉE DÉCIDERA SI LE PRÉSIDENT HOBBES DOIT ÊTRE DESTITUÉ POUR HÉRÉSIE !
HÉRÉSIE?!

LES PREUVES MONTRERONT QUE L'ACCUSÉ S'EST DÉSHONORÉ EN PROPOSANT L'ENRÔLEMENT DE SUSIE DERKINS, RECONNUE COMME FILLE ET ENNEMIE DE CE CLUB.

ELLES PROUVERONT AUSSI QUE LE SUPRÊME DICTATEUR À VIE CALVIN EST UN NIGAUD !
AH, RIEN QUE POUR ÇA, TU ES AUSSI ACCUSÉ D'INSUBORDINATION ! LA COUR TE DÉCLARE COUPABLE ET TE DESTITUE DE TON TITRE !

HA! EN TANT QUE STÉNO, JE REFUSE DE NOTER LE VERDICT ! EN FAIT JE ME NOMME " EL TIGRE NUMÉRO UNO"!
AH OUAIS?! EH BIEN, JE ME NOMME " LE PLUS GRAND, BEAU, EXALTÉ EUH SUPRÊME, EUH ...

TIENS ! J'AI ÉCRIT "HOBBES ÉGALE SUPER DANS LE LIVRE OFFICIEL DU CLUB ! LÀ, C'EST UNE LOI !
AH NON! DONNE-MOI ÇA !
HOBS = SÛP

HA HA HA ! MOI J'ÉCRIS "HOBBES ÉGALE SALE BOULE DE POILS." QU'EN DIS TU ?
OH OH! JE PRENDS LE CHAPEAU DU SUPRÊME DICTATEUR ! ET C'EST MOI, LE SUPRÊME DICTATEUR !

RENDS-MOI ÇA !
JE TE DÉCLARE NUL ET NON-AVENU !

ON FAIT LA PAIX ?
ON FAIT LA PAIX.

QUEL SUPER CLUB DOMMAGE QU'ON N'AIT PAS PLUS DE MEMBRES...
ON POURRAIT LAISSER SUSIE S'ENRÔLER.

TU VEUX... ENFIN HOBBES VEUT DU THON CETTE SEMAINE ?

NON, HOBBES ARRÊTE LE THON EN BOÎTE. TU SAIS, ILS TUENT LES DAUPHINS POUR EN METTRE DEDANS.
BON, JE LA REPO-SE !

ET QU'EST-CE QUE HOBBES VOUDRAIT À LA PLACE ?

DES STEAKS D'ES-PADON FRAIS. IL LES PRÉFÈRE AU BARBECUE.
HUM ! ET DU BEURRE DE CACA-HUÈTES ?

VOILÀ DES AFFAIRES PROPRES, TU PEUX LES RANGER S'IL TE PLAÎT ?

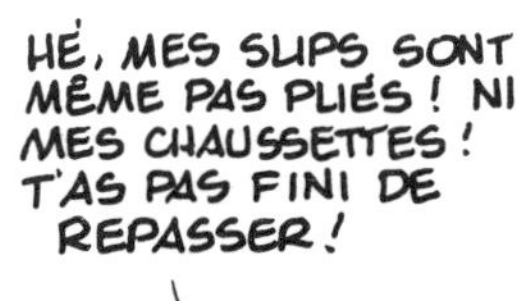

HÉ, MES SLIPS SONT MÊME PAS PLIÉS ! NI MES CHAUSSETTES ! T'AS PAS FINI DE REPASSER !

MON PETIT, SI TU VEUX DES SOUS-VÊTEMENTS REPASSÉS, FAIS-LE TOI-MÊME !
QUELLE SORTE DE MÈRE ES-TU ?

ELLE DEVRAIT AVOIR UN PEU PLUS DE FIERTÉ POUR SON TRAVAIL.

J'AI DEMANDÉ À MAMAN SI J'ÉTAIS UN ENFANT SUR-DOUÉ... ELLE M'A RÉPONDU QU'ILS N'AVAIENT PAS EU LE CHOIX.

TU POURRAS RACONTER ÇA AUX JOURNALISTES QUAND ILS TE DEMANDE-RONT POURQUOI J'AI MAL TOURNÉ.

MAMAN ! HOBBES LIT MES B.D. ! DIS-LUI D'ARRÊTER !

JE LUI AI DIT D'ALLER S'EN ACHETER ET IL M'A GROGNÉ DESSUS. DIS-LUI DE ME LES RENDRE !
TU DEVRAIS ÊTRE HEUREUX D'AVOIR UNE PELUCHE SI LETTRÉE.

MAIS C'EST MES B.D. PAS LES SIENNES !
TU DEVRAIS APPRENDRE À PARTAGER. JE NE CROIS PAS QU'IL LES ABÎMERA !

TU RIGOLES ?! IL A DESSINÉ DES MOUSTACHES ET DES LUNETTES SUR TOUTES LES CASES DE NULMAN ! AU STYLO !
POURQUOI NE VAS-TU PAS JOUER DEHORS CALVIN ?

TU T'EN SORS AVEC TES MATHS ?

JE NE FAIS PLUS DE MATHS. J'AI DÉCIDÉ D'ÊTRE PLUS "VISUEL".

BIEN. VISUALISE-TOI EN ÉLÈVE DE QUARANTE-CINQ ANS, TOUJOURS À LA MATERNELLE.

TU VISUALISES QUELQUES ADDITIONS ?
LÀ, JE TE VISUALISE EN SOUSTRACTION. AIDE-MOI, VEUX-TU ?

HÉ HOBBES, JE TE DONNE 20 QUESTIONS POUR DEVINER CE QUE J'AI DANS LA MAIN, D'ACCORD ?
BON. C'EST POILU ?
OUI !
C'EST UN GROS MILLE-PATTES AVEC DES PINCES EMPOISONNÉES ?
LES MILLE-PATTES ONT DES PINCES EMPOISON-NÉES ?
JE CROIS.
OUF, HEUREUSEMENT QUE TU AS DEVINÉ SI VITE !
AVEC TOI, C'EST JAMAIS TROP DIFFICILE !

CALVIN et HOBBES
WATTERSON

Z
NYUP
NYUP

Z

LA VIE EST DURE,
HEIN ? T'AS FAIT QUOI
AUJOURD'HUI ?!

LES GENS !

OH LÀ LÀ ! JE PLACE TOUT L'ARGENT DE LA RÉCOMPENSE, OU DOIS-JE TOUT DÉPENSER D'UN COUP ?

CALVIN...

J'ADORE LES BOMBES SUCRÉES GLACÉES AU CHOCOLAT! REGARDE COMME LE LAIT DEVIENT MARRON!
BEURK.

TU VEUX VOIR UN TRUC BIZARRE? REGARDE LES INFORMATIONS NUTRITIONNELLES AU DOS DU PAQUET.

OH LÀ! CONTIENT 100% DE LA DOSE QUOTIDIENNE DE CAFÉINE RECOMMANDÉE.
HÉ, REGARDE! TU PEUX RECEVOIR UNE POUPÉE BUZZY, L'OISEAU SIFFLEUR, DES BOMBES GLACÉES AU CHOCOLAT!

AM STRAM GRAM, PIQUE ET PIQUE ET COLLE ET GRATTE! ATTRAPE UN TIGRE PAR LES PATTES!
!

SI IL BRAILLE, EUH... HUM... HÉ HÉ HÉ...

ET QUI ÉCRIT CES TRUCS STUPIDES?

LA BIBLIOTHÈQUE? OUI, VOUS AVEZ DES LIVRES SUR LES BOMBES ARTISANALES?

C'EST CE QUE J'AI DIT. J'AI BESOIN D'UN LIVRE QUI DONNE LES INGRÉDIENTS, LES INSTRUCTIONS POUR LES CONSTRUIRE, LES ARMER ET LES FAIRE EXPLOSER.

BON! ET LES AUTRES BIBLIOTHÈQUES? PERSONNE N'A CE GENRE DE LIVRE?

APRÈS, ON S'ÉTONNE QUE LES ENFANTS NE LISENT PAS.

CALVIN et HOBBES
WATTERSON
QUELLE DÉLICIEUSE FAÇON DE PASSER LA SOIRÉE ! NOUS DEVRIONS FAIRE ÇA PLUS SOUVENT.

JE CONTINUE À CROIRE QUE VOUS AVEZ CASSÉ L'ANTENNE TÉLÉ EXPRÈS.

IL EST TARD, CALVIN. TU DEVRAIS ALLER AU LIT.
J'AI PAS SOMMEIL ! JE PEUX LIRE ENCORE UN PEU ?

NON, CALVIN. ON NE VEUT PAS QUE TU DEVIENNES TROP INTELLIGENT.
AH BON ?
HAHA ! BIEN SÛR ! SI TU ÉTAIS TROP MALIN, TU POURRAIS DÉCOUVRIR...

... QUE TES "PARENTS" SONT DES NEPTURNIENS AUX YEUX GLOBULEUX !
HA
HA
AAAAH !

LAISSEZ-MOI ! LAISSEZ MOI !!
LA PÂTE EST PRÊTE ?
OUI ! ENDUISONS LE GOSSE !

HUM ! RIEN NE VAUT UNE BONNE GAUFRE CHAUDE AU TERRIEN !
GAUFRE ? AU SECOURS !

AU SEC...
POUF

JE DORMAIS PAS ! J'AI PAS SOMMEIL !

REGARDE ! IL A LE VISAGE TOUT STRIÉ D'AVOIR DORMI SUR TON PANTALON.
Z

JE SUIS LIBRE ! LIBRE !

ENFIN ! ME VOILÀ À LA MAIS...

OH NON .

HO HO HO ! C'ÉTAIT CHOUETTE ! REGARDE NOTRE ATTERRISSAGE !
UNE MAISON AVEC UN TIGRE N'EST PAS UNE MAISON .

REGARDE-TOI ! COMMENT PEUX-TU TE SALIR À CE POINT À L'ÉCOLE ?
JE ME SUIS SALI EN ESSAYANT DE RENTRER ICI ! CETTE CATAPULTE À PATTES S'ÉTAIT TAPIE POUR M'ATTENDRE.

BON. C'EST PAS GRAVE ! TU DEVRAIS FILER DANS LA BAIGNOIRE.
UN BAIN ?! MAIS ON EST L'APRÈS-MIDI ?

OUI, MAIS JE DOIS PRENDRE UNE DOUCHE AVANT QUE TON PÈRE NE RENTRE.
POURQUOI TOUS CES BAINS ? IL Y A UNE ÉPIDÉMIE ?

JE T'AI DIT CE MATIN QUE NOUS SORTIONS CE SOIR. ROSALINE SERA LÀ À 18 HEURES .
AAAA AAH !

AAAAUUUUUUUUUGGGGGGGHHHHHHHHHH!
TU N'AIMES PAS ROSALINE, JE SAIS, MAIS C'EST LA SEULE BABY-SITTER QUE J'AI PU TROUVER.
TU TE SOUVIENS DE CE QUE JE T'AI DIT ? JE VEUX QUE TU TE CONDUISES BIEN CE SOIR.
ET TU LUI OBÉIRAS. JE NE VEUX PAS EN RENTRANT ENTENDRE DES HORREURS, COMPRIS?
PAR PITIÉ, CALVIN, RESPIRE AVANT DE T'ÉVANOUIR !

QU'EST-CE QU'ON VA FAIRE, HOBBES? ROSALINE ARRIVE DANS QUELQUES HEURES!
TU CROIS QU'ELLE SE RAPPELLE QU'ON L'A ENFERMÉE DEHORS LA DERNIÈRE FOIS?

ALORS ON EST MORTS. ELLE PLANTERA PROBABLEMENT MA TÊTE SUR UN BÂTON À L'ENTRÉE POUR DIRE AUX AUTRES GOSSES QU'ELLE EST LÀ!
JE PARIE QUE LES VOISINS N'AIMERAIENT PAS ÇA...

QU'IMPORTE, ON EST EN GRAVE DANGER SI ON NE TROUVE PAS QUELQUE CHOSE VITE!
ON POURRAIT ESSAYER D'ÊTRE GENTILS.

JE DOIS AVOIR DE L'EAU DANS L'OREILLE. TU DISAIS?
RIEN. OUBLIE ÇA.

BONSOIR ROSALINE! MERCI D'ÊTRE REVENUE!
C'EST RIEN.

BONSOIR ROSALINE! NE VOUS INQUIÉTEZ PAS! CALVIN SERA SAGE CE SOIR!
J'AIMERAIS QUAND MÊME UNE AVANCE.

UNE AVANCE? MAIS...MAIS..
CHÉRI, JE PEUX TE PARLER UN INSTANT?

MAIS ON LUI A DÉJÀ DONNÉ UNE AVANCE POUR CE SOIR LA DERNIÈRE FOIS.
JE M'EN FICHE! PAYE CE QU'IL FAUT ET PARTONS VITE!

BON, NOUS PARTONS...CALVIN!
OUI?

GCKKHHK!

JE CROIS QUE JE VAIS M'ASSEOIR PAR TERRE ET REGARDER LE MUR CE SOIR.
BON, JE TE DIRAI QUAND IL FAUDRA TE COUCHER.

C'EST HORRIBLE ! SI NOUS FAISONS UNE BÊTISE CE SOIR, ROSALINE NOUS TUERA, PUIS PAPA ET MAMAN NOUS RETUE-RONT QUAND ILS RENTRE-RONT.

SI C'EST COMME ÇA ...
QUOI ? ADMETTRE LA DÉFAITE ? JAMAIS !

LES CAROTTES SONT PEUT-ÊTRE CUITES POUR NOUS, MAIS PAS POUR...

...HYPERMAN ! CHAMPION DE LA LIBERTÉ ! ENNEMI DE LA TYRANNIE !
JE PARS ME COUCHER AVANT LES EMBOUTEIL-LAGES !

UN ÉCLAIR DE POURPRE ARDENT ZÈBRE LE CIEL ! C'EST HYPERMAN !

LA DIABOLIQUE BABY-SITTER-WOMAN TIENT UNE MAISON DANS SA POIGNE DE FER. L'HOMME AUX MÉGA POUVOIRS FONCE À LA RESCOUSSE !

CHANCE ! BABY-SITTER-WOMAN EST MOMENTA-NÉMENT DISTRAITE !

SALUT CHARLY, C'EST ROSALINE, OUI. JE SUIS ENCORE CHEZ LE PETIT MONSTRE. HMM ? NON, IL EST ASSEZ SAGE CE SOIR. OUI, INCROYABLE.

NON CHARLY, DÉSOLÉE, MAIS ON NE PEUT PAS SORTIR CE SOIR, LES PARENTS DE CE PETIT MONSTRE SONT SI DÉSESPÉRÉS QUE POUR S'EN DÉBARRASSER ILS...

YAAAH LA LIBERTÉ ET LA JUSTICE TRIOMPHERONT TOUJOURS DE LA TYRANNIE, BABY-SITTER-WOMAN !

LÂCHE-MOI CALVIN, SALE PESTE ! AÏE ! ARRÊTE !
HYPERMAN A LA FORCE D'UN MILLION D'HOMMES ! RENDS-TOI !

ÉCOUTE, CHARLY, JE DOIS TE RAPPELER ! TU NE CROIRAS JAMAIS CE QUE PORTE CE CRÉTIN.
GRÂCE À SES MUSCLES DE FER, HYPERMAN COMBAT AVEC UNE HÉROÏQUE RÉSISTANCE !

BON, CALVIN, TU VEUX JOUER AU DUR, HEIN ?
PAR LES LUNES DE NEPTUNE ! ELLE DOIT AUSSI AVOIR DES SUPER-POUVOIRS.

TU AS DEUX SECONDES POUR METTRE TON DERRIÈRE CAPÉ AU LIT, OU JE T'Y EN-VOIE POUR DE BON
OH NON ! CETTE AMAZONE MALÉFIQUE UTILISE UN RAYON PSY POUR DÉTRUIRE MON HYPER-VOLONTÉ.

JE COMPTE ! UUUUUN..!
¡ GASP ¡ JE...JE...DOIS RÉSISTER !

DEUX !
DANS UN ÉCLAIR VERMILLON, HYPER-MAN S'ENVOLE !

À LA VITESSE DE L'ÉCLAIR, HYPERMAN PASSE LA PORTE !

TRÈS BIEN, CALVIN ! OÙ ES-TU ? JE SAIS QUE TU ES LÀ !

TU TE RAPPELLES ? TES PARENTS T'ONT DIT D'ÊTRE SAGE ! ILS NE SERONT PAS CONTENTS QUAND ILS SAURONT !

TU VOIS, SI ON AVAIT ACHETÉ UN CHIEN, COMME JE VOULAIS, ON POURRAIT SORTIR AINSI TOUT LE TEMPS !
CHÉRI, NOUS SOMMES LÀ POUR NOUS REPOSER. PARLONS D'AUTRE CHOSE !

DÉCIDÉMENT, JE SUIS ENCORE TROP PEU PAYÉE ! COMMENT UN GOSSE AVEC D'AUSSI PETITES JAMBES PEUT-IL COURIR AUSSI VITE ?

À L'ABRI DANS SA FOR-TERESSE SECRÈTE, HYPERMAN ÉLABORE UN PLAN ! LA BABY-SITTER NE PEUT RIVA-LISER AVEC L'HYPER-CERVEAU D'HYPERMAN !

CALVIN, TU VAS AVOIR DES ENNUIS SI TU NE TE MONTRES PAS !

TU EN ES SORTI VIVANT ?
BIEN SÛR ! J'AI HYPER-SPRINTÉ DÈS QUE ROSALINE A FAIT LE TOUR DE LA MAISON ! ELLE NE SAIT PAS OÙ JE SUIS !

ROSALINE REFAIT UN TOUR DE LA MAISON ! ELLE N'A TOUJOURS PAS COMPRIS QUE TU ÉTAIS RENTRÉ !
C'EST LE MOMENT DE REPRENDRE MON IDENTITÉ SECRÈTE !

OH OH ! ELLE A VU LA LUMIÈRE DANS TA CHAMBRE. ELLE ARRIVE !
VITE ! SOUS LES COUVERTURES ! ON VA LUI FAIRE CROIRE QU'ON LISAIT AU LIT !

MAIS ELLE SAIT QUE TU L'AS ATTAQUÉE AVANT DE TE SAUVER !
C'ÉTAIT HYPERMAN, PAS CALVIN LE BIEN ÉLEVÉ ! JE SUIS AU LIT DEPUIS 20 HEURES !

ET TU CROIS QU'ELLE VA GOBER ÇA ?
MES COUVERTURES SONT LÀ ! MON PYJAMA AUSSI ! C'EST AUSSI SIMPLE QUE ÇA !

ENFIN JE TE RETROUVE !
RETROUVE ?? POURQUOI ? J'AI LU AU LIT TOUTE LA SOIRÉE AVEC HOBBES.

INUTILE DE MENTIR ! TU T'ES FAUFILÉ À L'INTÉRIEUR, TU AS ÔTÉ TON STUPIDE COSTUME, ET SAUTÉ DANS TON LIT ! TU VAS ME LE PAYER, SALE GOSSE !

AH OUI ? ET TU VAS ME FAIRE QUOI, HEIN ? TU PEUX PAS M'ENVOYER AU LIT, J'Y SUIS DÉJÀ ! DÉSOLÉ DE TE GÂCHER TA JOIE !

ON DESCEND. ALLEZ !
HÉ, TU PEUX PAS ME TIRER DU LIT, JE DOIS DORMIR ! HÉ ! HÉ !

PENDANT QUE TON PÈRE RACCOMPAGNE ROSALINE, TU POURRAIS M'EXPLIQUER CE QUI S'EST PASSÉ ?

MAIS MAMAN, QUE DIRE ? À 20 HEURES, J'AI MIS MON PYJAMA, BROSSÉ MES DENTS ET J'AI FILÉ AU LIT. IL NE S'EST RIEN PASSÉ.

ET ÇA ?
HEU ... DES MENSONGES ! ROSALINE M'A FORCÉ À ÉCRIRE. ELLE HAIT LES GOSSES ! RIEN N'EST VRAI ! J'AI ÉTÉ ME COUCHER TOUT DE SUITE.

BIEN JOUÉ, PINOCCHIO !
QUI AURAIT PU CROIRE QU'ELLE ME FORCERAIT À RÉDIGER MES CONFESSIONS ?

Calvin et Hobbes

PAS DE TÉLÉ POUR LA SE-MAINE ! C'EST INJUSTE !

ILS CROIENT AVOIR GAGNÉ, MAIS ILS SE TROMPENT !

JE LEUR MON-TRERAI ! JE REFUSE D'APPRENDRE LA LEÇON !

JE SUIS INDOMPTABLE ! ILS NE POURRONT PAS ME CHANGER !

JE M'ASSIÉRAI DEVANT TOUTE LA SEMAINE MÊME SI JE PEUX PAS L'ALLUMER !

PAPA, TU VOUDRAIS BIEN M'EXPLIQUER LA THÉORIE DE LA RELATIVITÉ ? JE COMPRENDS PAS POUR-QUOI LE TEMPS RALENTIT QUAND LA VITESSE AUGMENTE.

C'EST PARCE QUE TU CHANGES DE ZONES TEM-PORELLES, SI TU VOLES VERS LES ÉTATS-UNIS, TU GAGNES SIX HEURES SUR UN VOL DE HUIT HEURES ...

ALORS SI TU VAS À LA VITESSE DE LA LUMIÈRE, TU GAGNES ENCORE PLUS DE TEMPS, PARCE QUE TU VAS ENCORE PLUS VITE. BIEN SÛR, CETTE THÉORIE DE LA RELATIVITÉ NE MARCHE QUE SI TU VAS VERS L'EST.

OH LÀ LÀ, C'EST PAS DU TOUT CE QUE DISAIT MA MAMAN ! ELLE DOIT ÊTRE À CÔTÉ DE LA PLAQUE.
NOUS, LES HOMMES, SOMMES MEILLEURS EN RAISONNEMENTS ABSTRAITS. VA LUI DIRE ÇA !

MAMAN, ON PEUT ALLER SUR L'AUTO-ROUTE ?
POURQUOI ?

VOILÀ ! JE METS MES PATINS À ROULETTES ET J'ATTACHE UNE CORDE ENTRE LE PARE-CHOCS DE LA VOITURE ET MA TAILLE. PUIS JE TE FAIS SIGNE ET T'ACCÉ-LÈRES JUSQU'À CE QU'ON FASSE DU 100 KM/ HEURE.

ALORS ? T'EN DIS QUOI ? ON Y VA ?

SI SEU-LEMENT TU SAVAIS CONDUIRE !

CALVIN et HOBBES
WATTERSON
LE SPATIONAUTE SPIFF PARCOURT LA PLANÈTE À TOUTE ALLURE !

TIENS ?! POURQUOI DIABLE LE VOYANT D'ESSENCE EST-IL ROUGE ?

L'INTRÉPIDE SPATIO-NAUTE SPIFF ATTERRIT SUR GORZARG-5 !

NOTRE HÉROS TRAVERSE UNE TERRE DÉSOLÉE. IL CHERCHE DE L'AIDE ! AU LOIN, LES NUAGES DE MÉTHANE PLEURENT UNE PLUIE D'HYDROXIDE.

OH NON ! L'AVERSE EST TROP FORTE POUR ÊTRE ABSORBÉE PAR LE SOL ! UNE RIVIÈRE BOUILLON-NANTE ET CORROSIVE ATTAQUE NOTRE HÉROS !

LE COURAGEUX CADET SPIFF GRIMPE SUR LES HAUTEURS MAIS LE NIVEAU CONTINUE À MONTER.

NOTRE HÉROS EST PRIS AU PIÈGE ! DANS QUELQUES INSTANTS, CES FLOTS ÉCUMANTS ET NOCIFS ATTAQUE-RONT LA CHAIR ET LES OS DE SPIFF ! LA SITUATION EST DÉSESPÉRÉE.
WATTERSON

AAAHH ! UN MONSTRE VIENT LE POUSSER !
POUR L'AMOUR DU CIEL, CALVIN, AU BAIN !

SUPER ! IL N'Y A PERSONNE À LA BALANÇOIRE ! INCROYABLE !

HA HA ! JE N'AI JAMAIS EU LA BALANÇOIRE À LA RÉCRÉ !
C'EST GÉNIAL !
PERSONNE POUR ME DIRE DE ME PRESSER !
PLUS HAUT ! PLUS HAUT !
YOUPI !

... SOIT C'EST MON JOUR DE CHANCE, SOIT LES COURS ONT REPRIS...

CALVIN ?! TU N'AS PAS SIGNÉ POUR JOUER AU BASE-BALL PENDANT LA RÉCRÉ ?
NON, POURQUOI ?

TU DOIS ÊTRE LE SEUL GARÇON ICI ! TOUS LES AUTRES JOUENT LÀ-DERRIÈRE.
TU VEUX DIRE QUE JE SUIS LE SEUL GARÇON DANS LA COUR DES FILLES ?!

ON DIRAIT BIEN. TU VIENS FAIRE DE LA BALANÇOIRE AVEC MOI ?
OH NON ! JE SUIS AU CŒUR DE L'ÉPIDÉMIE ! JE N'AI PAS EU MES VACCINS !

RELAX. LA STUPIDITÉ PRODUIT DES ANTICORPS !
UN FILTRE À AIR ! UN FILTRE À AIR !

POURQUOI TU N'AS PAS ÉTÉ JOUER AU BASE-BALL AVEC LES AUTRES GARÇONS ? TU N'AIMES PAS LE SPORT ?
J'SAIS PAS ! JE PRÉFÈRE COURIR PARTOUT !

JE DÉTESTE TOUTES LES RÈGLES, L'ORGANISATION, LES ÉQUIPES ET LES CLASSEMENTS SPORTIFS.

QUELQU'UN TE CRIE TOUJOURS DESSUS, TE DIT OÙ ALLER, QUOI FAIRE, ET QUAND LE FAIRE.

SI ÇA ME PLAISAIT, JE N'AURAIS QU'À M'ENRÔLER DANS L'ARMÉE. AU MOINS C'EST PAYÉ !

Hé, regardez le bébé qui joue pas au base-ball à la récré !
J'SUIS PAS UN BÉBÉ !

Ah oui ? Tu préfères jouer à la poupée avec les filles.
JE JOUAIS PAS À LA POUPÉE !

J'te crois pas ! Fais-moi voir ta Barbie, fillette !
JE SUIS PAS UNE FILLETTE ! J'ALLAIS À L'INSTANT AU BUREAU POUR M'INSCRIRE AU BASE-BALL !

QUOIQUE, SI JE SUIS PAS UNE FILLETTE, POURQUOI SUIS-JE INCAPABLE DE RÉSISTER ?
OFFICE

J'AI SIGNÉ POUR JOUER AU BASE-BALL À TOUTES LES RÉCRÉS ET JE N'AIME PAS LE BASE-BALL !

TU VOIS, C'EST RIGOLO DE JOUER AU BASE-BALL AVEC TOI, PARCE QU'ON FRAPPE, ON COURT, ON LANCE ET ON REÇOIT TOUS LES DEUX, EN MÊME TEMPS. ON FAIT TOUT !

ON SE DISPUTE SURTOUT SUR LES RÈGLES QU'ON FAIT ! C'EST CE QUE JE PRÉFÈRE !
MOI AUSSI ! MAIS LÀ, IL VA FALLOIR JOUER AVEC LES AUTRES ! ET DANS LES RÈGLES !

TU SAIS JOUER POUR DE BON, AU MOINS ?
ÇA, C'EST UN AUTRE PROBLÈME ! IMAGINE QU'ILS ME NOMMENT BATTEUR, JE SAIS MÊME PAS ME BATTRE !

J'AI APPRIS QUE TU ALLAIS JOUER AU BASE-BALL À LA RÉCRÉ ?
OUI, MAIS JE NE VEUX PAS. J'AI FAIT ÇA POUR QU'ON ARRÊTE DE M'EMBÊTER.

MAIS C'EST BIEN LE SPORT, ÇA T'APPREND L'ESPRIT D'ÉQUIPE, LA COOPÉRATION, À GAGNER MODESTEMENT, À ACCEPTER SPORTIVEMENT LA DÉFAITE. ÇA FORME LE CARACTÈRE.

CHAQUE FOIS QUE ÇA FORME LE CARACTÈRE, JE LE REGRETTE ! JE NE VEUX APPRENDRE NI L'ESPRIT D'ÉQUIPE, NI À PERDRE, NI À GAGNER ! JE VEUX MÊME PAS CONCOURIR ! POURQUOI C'EST MAL DE S'AMUSER TOUT SEUL, HEIN ?!

QUAND TU GRANDIS, C'EST INTERDIT !
RAISON DE PLUS POUR LE FAIRE MAINTENANT !

ALLEZ, VIENS DEHORS POUR ÉCHANGER QUELQUES PASSES AVANT LE DÎNER ... UN PEU D'ENTRAÎNEMENT TE DONNERA CONFIANCE !
JE DÉTESTE CES TRUCS PÈRE/FILS !

ÉLOIGNE-TOI UN PEU, JE T'ENVOIE UNE BALLE RASANTE.
POURQUOI J'AI ACCEPTÉ ÇA ? JE DEVRAIS DÉMÉNAGER.

PRÊT ? BON. COURS VERS LA BALLE, NE LA LAISSE PAS ROULER VERS TOI.

ÇA VA ? ÇA ARRIVE QUE LA BALLE REBONDISSE COMME ÇA. TU DOIS TE MÉFIER.
MERCHI, PAPA. RAMACHE MON NEZ ET METS-LE DANS DE LA GLACHE JUCHQU'À CHE QU'ON LE RECOUCHE.

MON DIEU, QU'Y A-T-IL ? VOUS N'ÊTES SORTIS QU'UNE MINUTE !
UNE BALLE A FRAPPÉ LE NEZ DE CALVIN EN REBONDISSANT.

JE CHAIGNE ! MON PÈRE A ÉCHAYÉ DE ME CHUER !
TIENS LA TÊTE EN ARRIÈRE, CHÉRI. VOILÀ DES MOUCHOIRS.

CHE NE CHOUERAI PLUS AU BACHE-BALL ! CHAMAIS ! CHE LE CHURE !
ASSIEDS-TOI POUR QUE ÇA S'ARRÊTE DE SAIGNER ...

INUTILE DE COMPTER SUR UN RICHE ET CÉLÈBRE JOUEUR DE BASE-BALL DANS LA FAMILLE !
CHÉRI !
TOUT MON CHERVAUX CHÉCOULE PAR MON NEZ !

COMMENT VA TON NEZ ?
IL A ENFIN FINI DE SAIGNER. JE SUPPOSE QUE JE VAIS ÊTRE OBLIGÉ D'ALLER À L'ÉCOLE DEMAIN.

MA VIE EST UN CALVAIRE. JE ME SUIS BLESSÉ EN ESSAYANT D'APPRENDRE À JOUER À UN SPORT AUQUEL JE NE VEUX PAS JOUER.

TON NEZ DOIT ÊTRE TOUT COAGULÉ, HEIN ?
¡SNRK! OUI, POURQUOI ?

SI TU RONFLES, JE SECOUE LE LIT JUSQU'À CE QUE TU PASSES PAR LA FENÊTRE.
C'EST TOUJOURS SYMPA D'AVOIR UN VRAI COPAIN À QUI PARLER.

TU AS PRIS TON GANT. TU VAS JOUER AU BASE-BALL PENDANT LA RÉCRÉ ?
OUI, INUTILE DE ME LE RAPPELER.

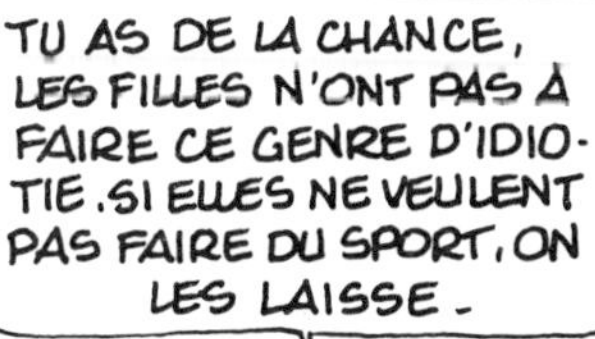

TU AS DE LA CHANCE, LES FILLES N'ONT PAS À FAIRE CE GENRE D'IDIOTIE. SI ELLES NE VEULENT PAS FAIRE DU SPORT, ON LES LAISSE.

MAIS SI UN GARS NE PASSE PAS SES APRÈS-MIDI À COURIR DERRIÈRE UNE BALLE, C'EST UNE NOUILLE. C'EST FACILE POUR VOUS, LES FILLES.

OUI, MAIS ON NE DEMANDE PAS AUX GARÇONS DE FAIRE 10 KILOS DE MOINS QUE LEUR POIDS RÉEL.
ET SI ON NE FAIT PAS DE SPORT, ON NE TOURNE JAMAIS DE PUB POUR LA BIÈRE !

MONSIEUR LOCKJAW ? JE SUIS CALVIN, JE DOIS ÊTRE DANS L'ÉQUIPE CINQ.
AH OUI, C'EST TOI QUI T'ES INSCRIT EN RETARD ! HUM... TU JOUES DANS LE CHAMP GAUCHE.

LE CHAMP GAUCHE, BON, JE VOIS. SI JE SUIS LÀ, ALORS LE CHAMP GAUCHE DEVRAIT ÊTRE...
PAR LÀ. JOUE AU FOND DU CHAMP.

JE CROIS QUE C'EST ASSEZ AU FOND.

LE BASE-BALL EST LE JEU LE PLUS ENNUYEUX DU MONDE. ÇA FAIT DES HEURES QUE J'ATTENDS AU FOND DU CHAMP GAUCHE, ET PAS UNE SEULE BALLE N'ARRIVE JUSQU'ICI !

JE SUPPOSE QUE C'EST AUSSI BIEN COMME ÇA. JE NE SAIS PAS À QUELLE ÉQUIPE LANCER DE TOUTE FAÇON !

HÉ, QUE FONT-ILS ? LES GENS CHANGENT D'ÉQUIPE OU QUOI ? LES BATTEURS SONT PAR LÀ, MAINTENANT ?

BON, JE SUPPOSE QUE SI JE DEVAIS FAIRE AUTRE CHOSE, ON ME LE DIRAIT...

NOTRE HÉROS, LE COURAGEUX CADET SPIFF, EST ABANDONNÉ SUR LA PLUS LOINTAINE PLANÈTE DE LA GALAXIE !

AUCUN ESPOIR DE SAUVETAGE SUR CE MONDE MORNE ET ISOLÉ !

OH, QUEL SINISTRE ENDROIT POUR ÊTRE COINCÉ ! SPIFF ESSAYE DÉSESPÉRÉMENT DE RÉPARER SON VAISSEAU ENDOMMAGÉ !

CRACK
UNE BALLE HAUTE POUR LE CHAMP GAUCHE ! QUI EST LÀ-BAS ?!
NOTRE HÉROS S'IMMOBILISE. QUELQUE CHOSE BOUCHE L'HORIZON. DES ALIENS ! SPIFF PREND SON PISTOLET !

QUI EST LE RECEVEUR À GAUCHE ?!
QUELQU'UN LA RATTRAPE ?
CHAMP GAUCHE ? HÉ, C'EST MOI !

OH LÀ LÀ ! UNE BALLE HAUTE ! JE L'AI ! JE L'AI !

JE L'AI EUE !
IL L'A EUE ! HORS JEU !
WAP !

JE SUIS UN ATHLÈTE-NÉ, JE CROIS.
HÉ, C'EST QUI LUI ?
IL N'EST PAS AVEC L'AUTRE ÉQUIPE ?

HÉ, REGARDE QUI M'A MIS HORS JEU !
C'EST CALVIN !

BAH, C'ÉTAIT RIEN, LES GARS. QUAND ON EST AU TOP DE SA CONDITION PHYSIQUE COMME MOI, ON PEUT...
IMBÉCILE ! QUE FAISAIS-TU LÀ-BAS ?! ON A CHANGÉ ! C'EST À NOUS DE LANCER.

HEIN ?
TU AS RATTRAPÉ POUR L'AUTRE ÉQUIPE ! TU AS ÉLIMINÉ TOI-MÊME TON ÉQUIPIER. QUEL ABRUTI ! QUEL IDIOT !

OUPS ! J'AI LAISSÉ TOMBER LA BALLE ! ÇA COMPTE PAS, HEIN ?
M'SIEUR, RETIREZ-LE DE L'ÉQUIPE !
JE PEUX LE FRAPPER, HEIN ? DITES ? JE PEUX ?

HÉ, STUPIDE, SI TU DOIS ÉLIMINER NOS JOUEURS, POURQUOI NE PAS REJOINDRE L'AUTRE ÉQUIPE !
TU FAISAIS QUOI AU FOND DU CHAMP ? TU CONNAIS PAS LES RÈGLES ?!

ALLEZ LES GARS, C'EST QU'UN JEU ! ON EST CENSÉS S'AMUSER !
ON NE S'AMUSE À UN JEU QUE QUAND ON GAGNE, TÊTE D'ŒUF ! TU NOUS FAIS PERDRE !

SI TU TE TROMPES ENCORE, T'ES MORT, CALVIN !
QUI T'AS APPRIS À JOUER ? TA GRAND-MÈRE ?
ATTENDS QU'ON RACONTE ÇA À L'AUTRE ÉQUIPE !

MONSIEUR LOCKJAW, JE NE VEUX PLUS JOUER. IL Y A TROP D'ESPRIT D'ÉQUIPE.
D'ACCORD, LÂCHEUR SALUT !

JE NE COMPRENDS PAS, HOBBES.

LES GOSSES SE MOQUENT DE MOI QUAND JE NE JOUE PAS AU BASE-BALL, PUIS ILS ME CRIENT DESSUS QUAND JE JOUE, PUIS LE PROF ME TRAITE DE LÂCHEUR QUAND J'ARRÊTE DE JOUER.

PERSONNE NE PEUT PLAIRE À TOUT LE MONDE.

ALORS POURQUOI NE PAS FAIRE CE QUI TE PLAÎT À TOI ?
MAMAN VEUT PAS QUE J'AILLE VIVRE À HONOLULU.

ON EST SAMEDI ! TU VEUX FAIRE QUOI ?
JOUER À TOUT SAUF À UN JEU ORGANISÉ.

TU VEUX JOUER À CALVIN-BALL ?
OUI !

AUCUN SPORT N'EST AUSSI PEU ORGANISÉ QUE LE CALVIN-BALL !
NOUVELLE RÈGLE ! NOUVELLE RÈGLE ! SI TU NE TOUCHES PAS LE PIQUET DES TRENTE MÈTRES AVEC LE DRAPEAU TU DOIS SAUTER À CLOCHE-PIED !
12
4

Calvin et Hobbes
WATTERSON
PLUS VITE ! PLUS VITE !

LE TURBO EST LANCÉ !
C'EST BON, LA GRAVITÉ EST VAINCUE !

T'AS VU COMME LES DÉCISIONS ENTRAÎNENT DES RÉACTIONS EN CHAÎNE ?
COMMENT ÇA ?

CHACUNE DE NOS DÉCISIONS DÉTERMINE L'ÉTENDUE DES CHOIX QUE NOUS AURONS APRÈS.

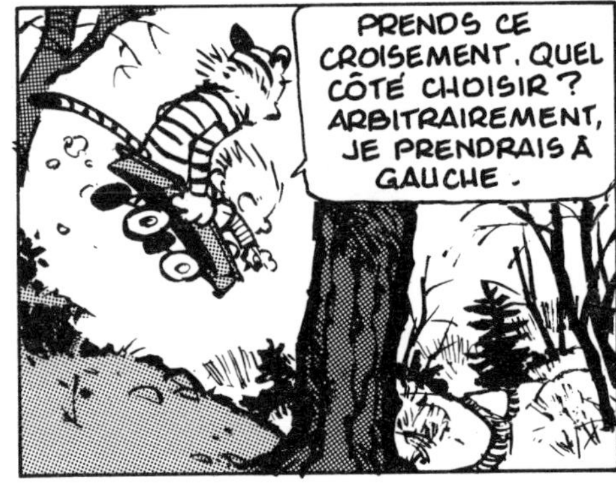

PRENDS CE CROISEMENT. QUEL CÔTÉ CHOISIR ? ARBITRAIREMENT, JE PRENDRAIS À GAUCHE.

ET COMME RÉACTION DIRECTE À CETTE DÉCISION, NOUS AVONS À FAIRE UN NOUVEAU CHOIX : DEVONS-NOUS SAUTER DE CETTE FALAISE OU LA LONGER ?

SI NOUS N'AVIONS PAS TOURNÉ À GAUCHE, CE NOUVEAU CHOIX NE SE SERAIT JAMAIS PRÉSENTÉ.

JE NOTE AVEC CONSTERNATION QUE TU AS CHOISI DE SAUTER.
OUI. CE QUI NOUS OFFRE DE NOUVEAUX CHOIX.

DEVONS-NOUS SAUTER OU MOURIR À L'ATTERRISSAGE ?
EXACTEMENT ! NOTRE PREMIÈRE DÉCISION A CRÉÉ UNE RÉACTION EN CHAÎNE. SAUTONS.

TU VOIS ? SI TU NE PÈSES PAS CHAQUE DÉCISION, TU NE SAIS JAMAIS OÙ TU FINIRAS, C'EST UNE IMPORTANTE LEÇON QUE NOUS DEVONS RETENIR !
SI SEULEMENT ON POUVAIT EN PARLER SANS CES EXEMPLES PRATIQUES.

POUR MON EXPOSÉ D'AUJOURD'HUI, J'AI UN SOUVENIR DE MA VIE APRÈS LA MORT! OUI! VOUS AVEZ BIEN ENTENDU! VOICI MON ÉTONNANTE HISTOIRE: HIER APRÈS-MIDI, JE SUIS MORT D'ENNUI!

JE FAISAIS MES DEVOIRS QUAND SOUDAIN JE SUIS TOMBÉ! JE ME SUIS SENTI M'ÉLEVER, ET J'AI PU VOIR MON CORPS PAR TERRE. J'AI FLOTTÉ JUSQU'À UNE PORTE DE LUMIÈRE ET JE SUIS PASSÉ DANS L'AUTRE MONDE!

PUIS MON CŒUR S'EST REMIS À BATTRE ET JE SUIS REVENU À LA VIE... MAIS PAS SANS RAMENER ÇA!
UN YO-YO?

LÀ-BAS AUSSI ON S'ENNUIE!
VOYONS VOIR UN PEU TES DEVOIRS.

ET, APRÈS S'ÊTRE RASSASIÉE, LA MÈRE OISEAU RETOURNE AU NID ---

... OÙ ELLE RÉGURGITE LES VERS POUR NOURRIR SES PETITS AFFAMÉS.

...SOUPIIIIIIIR...

CALVIN, TU SUIS?!
AAAH!

IL N'Y A PAS D'APPUI-TÊTE SUR CETTE CHAISE! JE POURRAIS LES POURSUIVRE POUR COUP DU LAPIN!

CALVIN et HOBBES
WATTERSON
TU VAS LIRE UNE HISTOIRE À CALVIN ?
SEULEMENT SI CE N'EST PAS L'HORRIBLE "HOMER LE HAMSTER ET GALOU LE BOUGALOU"!

OH, MAIS TU ES SI MIGNON QUAND TU FAIS LE "JOYEUX HAMSTER".
JE VEUX PAS AVOIR L'AIR MIGNON!

QUELLE HISTOIRE VEUX-TU CE SOIR?
JE VEUX UNE HISTOIRE SUR HOBBES ET MOI!

BON... HUM... VOYONS VOIR ... IL ÉTAIT UNE FOIS UN GARÇON NOMMÉ CALVIN QUI VIVAIT AVEC UN TIGRE NOMMÉ HOBBES.
C'EST SUPER!

AUJOURD'HUI, ILS SE SONT LEVÉS À L'AURORE ET ONT FAIT UN BOUCAN DU DIABLE EN GALOPANT DANS LES ESCALIERS, GALOPE, PUIS EN LES DÉVALANT SUR LA RAMPE, BUMP!
OUI, PUIS LE GRAND MÉCHANT PAPA CRIA QUE S'ILS N'ARRÊTAIENT PAS, IL LES EXPÉDIERAIT SUR PLUTON, EN TARIF LENT.

QUI RACONTE L'HISTOIRE TOI OU MOI?
TU L'AS DIT! INUTILE DE NIER!

ENSUITE CALVIN COMPRIT ET ALLA SE BOUCHER LES ARTÈRES DE CÉRÉALES AU CHOCOLAT, PUIS SE POURRIR LE CERVEAU AVEC DES DESSINS ANIMÉS.
HÉ! PAS DE MESSAGES!

ENFIN CALVIN ET HOBBES FILÈRENT DEHORS ET LA MAISON FUT CALME ET TRANQUILLE, POUR UN COURT INSTANT. ALLEZ, BONNE NUIT!
BONNE NUIT?! C'EST PAS LA FIN! T'AS MÊME PAS ÉTÉ JUSQU'AU DÉJEUNER

C'EST VRAI... CE N'EST PAS LA FIN DE L'HISTOIRE. CETTE HISTOIRE N'A PAS DE FIN. TOI ET HOBBES ÉCRIREZ LA SUITE DEMAIN ET TOUS LES AUTRES JOURS, MAIS IL EST L'HEURE DE DORMIR, BONNE NUIT.
OH,! BON! BONNE NUIT.

C'EST CHOUETTE, SI NOTRE HISTOIRE NE S'ARRÊTE JAMAIS! C'EST CELLE QUE JE PRÉFÈRE! BONNE NUIT, MON VIEUX!
MOI AUSSI! À DEMAIN!

DIS MAMAN, T'AS RIEN SENTI DE DRÔLE EN T'HABILLANT CE MATIN ?

DRÔLE ? QUE VEUX-TU DIRE ?
BEN, CHATOUILLE ... OU GRAT-TOUILLE ? GENRE UNE MORSURE OU UNE PIQÛRE ?

POURQUOI ? ET QUE CACHES-TU DERRIÈRE TON DOS ?!
HUM...TIENS, TU POURRAIS EN AVOIR BESOIN, BON, HÉ HÉHÉ, JE DOIS FILER.

LES FEMMES ! TOUJOURS À SE CHANGER !
APRÈS LE GAMIN, JE M'OCCUPE DE TOI.

CETTE FOIS JE VAIS VRAIMENT APPRENDRE À FAIRE DU VÉLO !

TENIR SUR DEUX ROUES, C'EST COMME TENIR SUR SES DEUX...
OUAH! OUMF!
BONK
AAAH!
AÏE!
ON DIRAIT QUE JE SUIS PASSÉ DE L'IRONIQUE COÏNCIDENCE AU SINISTRE PRÉSAGE.

JE VEUX PAS FAIRE MES DEVOIRS ! JE VEUX M'AMUSER.

TROP DE STRESS, C'EST PAS SAIN, TU SAIS !
ET POURQUOI JE DOIS REN-TRER MOI AUSSI ?

CALVIN et HOBBES
WATTERSON
JE SUIS LI///////////////////BRE!

HÉ HÉ HÉ ! ILS ONT ESSAYÉ DE M'APPRENDRE DES TRUCS, MAIS JE SUIS TROP FORT POUR EUX !

JE SUIS LÀ !

OH, BONJOUR CALVIN! TU VEUX ENTRER ?

CLICK.
HÉ ! HÉ !

JE PEUX LIRE TOUTES TES B.D.? JE PEUX ? MERCI CALVIN !

JE PEUX DESSINER DES MOUSTACHES À TOUS TES SUPER-HÉROS? OH JOIE!
IL ME PAYERA ÇA, MÊME SI J'Y PASSE MA VIE.

J'AI INVENTÉ UN NOUVEAU SYSTÈME POUR FAIRE LES DEVOIRS. J'APPELLE ÇA "GESTION EFFECTIVE DU TEMPS" OU GET.

J'AI FAIT UN PLAN POUR CHAQUE MATIÈRE, ET J'UTILISE LE MINUTEUR DE LA CUISINE POUR CONTRÔLER MON RYTHME.

GRÂCE À GET, JE SUIS PLUS EFFICACE. JE TRAVAILLE PLUS VITE!
RINGG

VOILÀ! C'ÉTAIT MA MINUTE DE MATHS! REMONTE LE MINU-TEUR POUR LA GRAMMAI-RE.
HUM. JE NE SAIS PAS SI LE MINUTEUR SUIVRA TON RYTHME. TU DEVRAIS PRENDRE UN SECONDEUR.

VL

NON, JE NE PRENDRAI PAS DE PHOTO.

KA.

ZAM!

HEIN?

Calvin et Hobbes

WATTERSON

BEURK !
C'EST QUOI ÇA ?!
ON DIRAIT
DU TERREAU !

MAMAN
M'AIME PAS !

HÉ, HOBBES, C'EST
QUOI " UN TIGRE
DE PAPIER " ?

C'EST UN TIGRE QUI A
TOUJOURS SA CARTE
D'IDENTITÉ SUR LUI, SES
PAPIERS QUOI .

CE LIVRE NE VEUT
RIEN DIRE DU TOUT.

HÉ, PAPA, TU
ME DONNES
UN EURO SI
JE MANGE
UNE MOUCHE ?

NON, TU DEVRAIS MANGER
UN SEAU DE MOUCHES
AVANT QUE JE TE PAYE
UN EURO .

TOUT UN
SEAU ?
MAIS JE TE
DONNERAI
UN EURO SI
TU RAMASSES
LES BRANCHES
DANS LA COUR.

TOUS MES VRAIS
TALENTS SONT
IGNORÉS !

CALVIN et HOBBES
WATTERSON

COIN COIN
COIN
COIN COIN
COIN

BONNE JOURNÉE ?
ÇA VA MIEUX.

SUR LA LOINTAINE PLANÈTE ZARK, NOUS RETROUVONS VIDE LE VAISSEAU ROUGE DE NOTRE HÉROS, LE FIER SPATIONAUTE SPIFF !

OH OH ! LÀ HAUT, LES ROCHERS SONT DÉCHIRÉS PAR DES RAYONS DE LA MORT ! UNE VIOLENTE BATAILLE A DÛ AVOIR LIEU ICI !

ET SEULES LES TRACES D'UN GROS ET SINISTRE ALIEN SONT VISIBLES ! QU'EST-IL ARRIVÉ À L'EXPLORATEUR TERRIEN ?

CALVIN, ÇA SUFFIT, MAINTENANT !
JE VEUX PAS Y ALLER ! LÂCHE-MOI !

SPIFF LE SPATIONAUTE EST RETENU PRISONNIER PAR DE HIDEUX ALIENS ! QUE LUI VEULENT-ILS ?

SPIFF VA BIENTÔT LE DÉCOUVRIR ! NOTRE HÉROS EST APPELÉ DEVANT LE ROI DES ALIENS !

...OÙ IL APPARAÎT QUE SPIFF VA ÊTRE SACRIFIÉ...

...POUR APAISER LE DIEU MAUVAIS APPELÉ "KONAISANSS"
ALLEZ, AU TABLEAU. ET VITE !

FACE À LA MORT, NOTRE HÉROS RÉFLÉCHIT À TOUTE VITESSE.

11 - 4 =

AU BORD DU PUITS AUX SACRIFICES, IL CHERCHE LENTEMENT SON PETIT BLASTER ATOMIQUE CACHÉ DANS SA CEINTURE

YAA ! TRÈS BIEN, SALE MUTANT SUCEUR DE SANG AUX CHROMOSOMES DÉLIRANTS ! ON NE BOUGE PLUS ! JE FILE D'ICI !

CALVIN, DONNE-MOI CET ÉLASTIQUE IMMÉDIATEMENT !
J'AI DIT ON NE BOUGE PLUS !

SPIFF S'ÉCHAPPE ! LES COULOIRS HUMIDES ET PUANTS DE LEUR FORTERESSE SONT DÉSERTS ! TOUS LES ALIENS SE SONT RÉUNIS POUR ASSISTER À LA MORT DE NOTRE HÉROS !

NOTRE EXPLORATEUR SANS PEUR RETROUVE LA SURFACE DE LA PLANÈTE, MAIS LA REINE ALIEN LE POURSUIT !
CALVIN, REVIENS ICI !

SPIFF SAUTE DANS SON COCKPIT, FAIT CHAUFFER LE MOTEUR ET...

PUISSANCE MAXI, NOTRE HÉROS EST SAUVÉ !
À SUIVRE : PAS SÛR...

CALVIN ! QUE FAIS-TU À LA MAISON ? IL N'EST MÊME PAS MIDI !

HEU... ILS NOUS ONT LÂCHÉS PLUS TÔT. IL Y A... EU... UNE FUITE DE GAZ !
QUOI ?! QUELQU'UN SAIT QUE TU ES PARTI ?! J'APPELLE L'ÉCOLE !

PERDS PAS TON TEMPS ! ILS ONT TOUT ÉVACUÉ ! Y A PLUS PERSONNE !
ALLO ? BUREAU DE L'ÉCOLE ÉLÉMENTAIRE ?

NOTRE HÉROS N'AVAIT PAS COMPTÉ TOMBER SUR UN INTERCEPTEUR ZACK ! LA TENTATIVE D'ÉVASION DE SPIFF ÉCHOUE ! CE POURRAIT ÊTRE LA FIN !

BEN ÇA, J'AI EU DES ENNUIS AUJOURD'HUI ! MAMAN A GRIMPÉ AU RIDEAU QUAND ELLE A DÉCOUVERT QUE J'AVAIS QUITTÉ L'ÉCOLE.
QUE S'EST-IL PASSÉ ?

ELLE M'Y A RECONDUIT ET NOUS AVONS DÛ PARLER À MON PROF ET AU PRINCIPAL ! ILS ONT PARLÉ DE MES ÉTUDES, ET LÀ J'AI EU DES DEVOIRS SUPPLÉMENTAIRES !

OOH !
ET PAPA VA LES VÉRIFIER TOUS LES SOIRS POUR ÊTRE SÛR QU'ILS SOIENT BIEN FAITS ! TU TE RENDS COMPTE ?

ALORS ESSAYE D'ÊTRE ENCORE MEILLEUR, D'AC ?
TU AS DE LA CHANCE, LES TIGRES SONT MALINS !

CALVIN et HOBBES
WATTERSON

ROULE BOURRE POULET COULE OUP LA POUM !
HÉ !

HA HA ! J'AI TON DRA-PEAU !
MAIS JE T'AI TOUCHÉ AVEC LA CALVINBALLE ! TU DOIS LE RENDRE ET CHANTER LA CHANSON "JE SUIS SI DÉSOLÉ".

J'AI PAS À CHANTER. C'ÉTAIT UNE ZONE "SANS CHAN-SON"!
NON, J'AI TOUCHÉ LE "PÔLE OPPOSÉ" ALORS LA ZONE "SANS CHANSON" EST UNE "ZONE CHANSON"

JE T'AI PAS VU TOUCHER CE "PÔLE". TU DEVAIS LE DIRE !
JE L'AI DIT EN LE NE DISANT PAS. COMMEN-CE À CHANTER.

VOICI LA CHANSON; "JE SUIS SI DÉSOLEÉÉ"! AIDEZ-MOI À LA CHANTER !
BOUM BOUM BOUM !

J'AI RATÉ ... IL EST DÉSOLÉ ! JE LE SAIS... SI DÉSOLÉ !
JE SUIS SI DÉSOLÉ D'AVOIR PRIS TON PRÉ-CIEUX DRAPEAAAU !
ALORS NE LE REFAIS PLUS JAMAIS SALE CRAPAAAUD !

JE SUIS LIBRE ! JE PEUX ALLER AU PIQUET CINQ !
NON, ON L'A DÉJÀ FAIT, TU TE SOUVIENS ?

OH OUI ! HMM !

BON, LES NOUVELLES RÈGLES C'EST QU'ON DOIT SAUTER JUSQU'À CE QU'ON TROU-VE LA BOÎTE BONUS !
C'EST D'ACCORD.

LA SEULE RÈGLE DU CALVIN-BALL, C'EST QU'ON PEUT PAS JOUER DEUX FOIS DE LA MÊME FAÇON !
LE SCORE EST TOUJOURS M À 12!
WATTERSON

49

Calvin et HOBBES
WATTERSON

UNE NOUVELLE PLANÈTE,
UN NOUVEAU PANORAMA
D'UNE GRANDEUR
INDESCRIPTIBLE.

L'INCROYABLE
CADET SPIFF
S'APPROCHE DE
LA SURFACE
D'ENHNUYE 4 !

IL SE POSE ET PART
CHERCHER UN SIGNE
DE VIE !

HÉLAS, SPIFF LE SPATIONAU-
TE DÉCOUVRE UN HIDEUX BLOB
D'UNE SI MONUMENTALE
BÊTISE QU'IL REGARDE DROIT
DEVANT, IGNORANT TOUT CE
QUI SE PASSE ALENTOUR !

AVEC COMPASSION, NOTRE
HÉROS DÉCIDE DE SOULAGER
LE BLOB DE SA MISÈRE.
SPIFF RÈGLE SON BLASTER
SUR
"LIQUÉFIE".

HAAA ! MADAME
WORMWOOD, CALVIN
ME TIRE DES
BOULETTES !

ÉTONNÉ PAR LA RÉSISTANCE
DU BLOB, SPIFF AUGMENTE
LA PUISSANCE ET SE
PRÉPARE À TIRER
À NOUVEAU !
WATTERSON

LES OVNIS EXISTENT-ILS ? ONT-ILS ATTERRI DANS NOS VILLES, DANS NOS VOISINAGES ?

CES PHOTOS EFFRAYANTES PRISES PAR UN PHOTOGRAPHE AMATEUR MONTRENT-ELLES VRAIMENT UN VAISSEAU ALIEN ET LES TRISTES RÉSULTATS D'UNE RENCONTRE DU TROISIÈME TYPE, OU NE SONT-ELLES QU'UN COUP MONTÉ ?

VOUS ENTENDREZ L'AVIS D'UN EXPERT SUR LES OVNIS, LEUR HIDEUSE BIOLOGIE ET LEUR HORRIBLE ARMEMENT ! TOUT CECI ET PLUS DANS LE PROCHAIN...

... EXPOSÉ DE CALVIN... AU SUIVANT !
CALVIN, PEUX-TU VENIR ICI ?

TACITURNE, TERRASSÉ SUR LE TAPIS. TERRIFIANT TÉNÉBREUX EN TENUE TIGRÉE - TIGRE À TERRE !

... HAIKU ALLITÉRATIF PAR CALVIN. MERCI, MERCI.

TSSSS.

QUAND ILS VOIENT DE L'ART MODERNE, LES GENS DISENT TOUJOURS "MON FILS DE 6 ANS POURRAIT FAIRE ÇA".

ÇA M'A DONNÉ UNE BONNE IDÉE ! J'AI DÉCIDÉ DE DEVENIR UN FAUSSAIRE ET DE M'ENRICHIR EN VENDANT DE FAUX TABLEAUX À DES MUSÉES.

DES TAS DE PEINTURES SE VENDENT POUR DES DIZAINES DE MILLIONS DE DOLLARS, CE QUI EST BIEN PAYÉ DE L'HEURE.

TU DEVRAIS GRATTER LE COPYRIGHT SUR LA B.D.
OOOH OUI, CONTENT QUE TU L'AIES VU !

CalviN et HObbEs

WATTERSON

IL ÉTAIT UNE FOIS...
ATTENDS. IL Y A PAS DE FUSILLADES DANS CETTE HISTOIRE, HEIN ?

AVEC DES PISTOLETS ? NON.
PAS DE VIOLENCE DU TOUT ?

HUM... PAS TROP !
AUCUNE RÉFÉRENCE AU SATANISME ? PAS DE BLASPHÈMES ? DE TRUCS LUBRIQUES ?

BIEN SÛR QUE NON !
ALORS POURQUOI L'AS-TU CHOISIE ?

HÉ ¡TU VEUX VOIR UN TRUC SUPER ?

AVEC UNE SEULE GORGÉE DE CE SODA ORDINAIRE, JE PEUX ROTER DIX SECONDES SANS M'ARRÊTER.

CALVIN, JE NE...
MAIS CE N'EST PAS TOUT ! EN MÊME TEMPS JE PEUX RÉCITER UN POÈME COCHON QUE J'AI APPRIS À L'ÉCOLE... PRÊTE ?...

PEUT-ÊTRE QUE SI TU RÉCITAIS UNE FABLE...
LAISSE TOMBER ! JE SUIS TROP TALENTUEUX POUR ELLE !

HÉ, REGARDEZ QUI EST LÀ ! BONJOUR MARMOTTE !

TU AS LOUPÉ LE MEILLEUR DE LA JOURNÉE ! JE SUIS DEBOUT DEPUIS 6H30 ET J'AI DÉJÀ FAIT PLEIN DE CHOSES !

MOI, QUAND J'AI UN JOUR DE CONGÉ, JE LAISSE LES AUTRES EN PAIX !

JE SUIS SÛR QUE L'INFIRMIÈRE A ÉCHANGÉ LES BERCEAUX.

CALVIN et HOBBES
WATTERSON
MA VIE POURRAIT ÊTRE BIEN MEILLEURE QUE ÇA.

JE SUIS CONTENT MAIS PAS EXTATIQUE.

LA VIE EST COMME LA TOPOGRAPHIE, HOBBES, IL Y A DES SOMMETS DE SUCCÈS...

... DES PLATEAUX DE ROUTINE ENNUYEUSE...

... ET DES VALLÉES DE FRUSTRATIONS ET D'ÉCHECS.

MAIS JE ME CONSACRE À N'EXPÉRIMENTER QUE LES PICS! JE VEUX QUE MA VIE NE SOIT QU'UNE ÉTERNELLE ASCENSION!

CHAQUE MINUTE DE CHAQUE JOUR DOIT M'APPORTER PLUS DE JOIE QUE LA MINUTE PRÉCÉDENTE!

JE DEVRAIS TOUJOURS ME DIRE "MA VIE EST MEILLEURE QUE JE NE L'AURAIS JAMAIS IMAGINÉE, ET ELLE NE VA QU'EN S'AMÉLIORANT".

JE VAIS JUSTE SAUTER DE PIC EN PIC! JE ... OUPS!

AU MOINS, AVEC DES PLATEAUX, TU N'AS PAS À TOMBER DE HAUT.
SEULS LES PERDANTS TOMBENT! MOI, JE GRIMPERAI TOUJOURS PLUS HAUT!

CLICK .

CHARME-MOI !

TU ÉCOUTES UN DISQUE ? JE VAIS TE MONTRER UN TRUC INTÉRESSANT.

COMPARE UN POINT SUR L'ÉTIQUETTE AVEC UN POINT SUR L'EXTÉRIEUR DU DISQUE. ILS FONT UN TOUR COMPLET DU CERCLE EN MÊME TEMPS, D'ACCORD ?
OUI...

MAIS DANS LE MÊME TEMPS, LE POINT SUR LE BORD DU DISQUE PARCOURT UN PLUS GRAND CERCLE : IL VA PLUS VITE. TU VOIS, DEUX POINTS SUR UN DISQUE AVANCENT À DEUX VITESSES, MÊME S'ILS FONT LA MÊME RÉVOLUTION PAR MINUTE.

À VOS MARQUES, PRÊTS...
FEU!

JE VAIS SI LENTEMENT QUE JE RECULE ! JE GAGNE !
TU TRICHES !

CALVIN et HOBBES

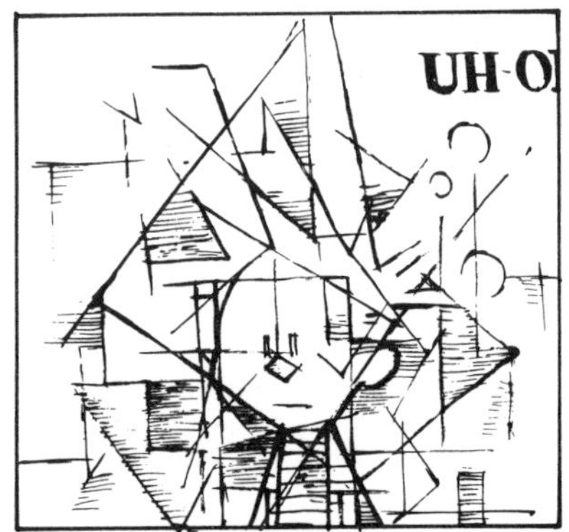

ALLÔ ?
SALUT PAPA !

C'EST IMPORTANT, CALVIN ?
OUPS ! ATTENDS. OUBLIE QUE JE T'AI APPELÉ "PAPA" ! C'EST PAS CALVIN.

CALVIN, J'AI DU TRAVAIL. JE TE VERRAI EN RENTRANT À LA MAISON. D'ACCORD ? AU REVOIR !
ATTENDS ! T'AS AUCUN CRIME À SIGNALER ?

PFF ! DIFFICILE À SE FAIRE À CETTE HISTOIRE D'IDENTITÉ SECRÈTE.

TU VEUX VOIR UN TRUC COOL ? J'AI UNE DENT DE LAIT QUI NE TIENT PRESQUE PLUS ...

... ET JE PEUX LA FAIRE TOURNER AVEC MA LANGUE ...

,, OU LA BALANCER D'UN CÔTÉ ET DE L'AUTRE ! T'AS VU ? REGARDE !

ILS SONT TOUS JALOUX.

REGARDE !

JE NE VOIS RIEN.
T'AS LOUPÉ ! BON, J'AI FINI !

QU'A-T-IL VU ?
UNE OPPORTUNITÉ.

CALVIN et HOBBES
WATTERSON

OH CALVIN, TU POURRAIS VIDER ÇA DANS LA POUBELLE DU GARAGE ?

ET ELLE APPELLE ÇA DES VACANCES!

MONTE HOBBES ! ON VA ÊTRE RICHES !

OH NON, JE NE MONTE PAS DANS CETTE BOÎTE. JE NE VEUX PAS ÊTRE TRANSMOGRIFÉ OU DUPLIQUÉ OU QUOI QUE CE SOIT.

QUOI ? QUAND ELLE EST OUVERTE, C'EST UNE MACHINE À REMONTER LE TEMPS !
C'EST ENCORE PIRE.

OH, NE FAIS PAS LE BÉBÉ ! TU RÉAGIS COMME SI LE DINOSAURE NOUS AVAIT VRAIMENT COINCÉS LA DERNIÈRE FOIS. C'ÉTAIT MÊME PAS UN CARNIVORE.
JE M'EN FICHE. TOI ET TA BOÎTE, N'ÊTES QU'UNE SOURCE D'ENNUIS !

DOMMAGE QUE TU NE VEUILLES PAS RETOURNER DANS LE JURASSIQUE AVEC MOI. TU N'AURAS PAS UNE CHANCE PAREILLE TOUS LES JOURS ...

J'ESPÈRE BIEN, SI TU VEUX MON AVIS !
ON PART JUSTE EN SAFARI PHOTO ! QUAND ON REVIENDRA AVEC DES VRAIES PHOTOS DE DINOSAURES, ON SERA RICHES !

TU PEUX ARRÊTER LE "ON". JE VIENS PAS.
BON, TRÈS BIEN, ALORS JE MANGERAI TOUS CES SANDWICHES TOUT SEUL !

OÙ ÇA ? ILS SONT À QUOI ? AU THON ? COMBIEN TU EN AS PRIS ?
LAISSE TOMBER, T'AS DIT QUE TU VENAIS PAS.

BON, SI ON A DES SANDWICHES, JE VEUX BIEN VOYAGER DANS LE TEMPS... ENFIN, S'ILS SONT BONS !
SUPER ! METS TES LUNETTES VORTEX.

LE COMPTEUR EST RÉGLÉ SUR MOINS 140 MILLIONS D'ANNÉES, ALORS ON EST PARTIIIIIIIIIIS !

J'AI UNE QUESTION. POURQUOI ON NE RAJEUNIT PAS QUAND ON REMONTE LE TEMPS, ET QU'ON NE DISPARAÎT PAS QUAND ON DÉPASSE NOTRE DATE DE NAISSANCE ?

JE ME L'EXPLIQUE, MAIS Y A BEAUCOUP DE MATHS.
T'AVAIS PAS 3 DE MOYENNE EN MATHS ?

C'EST L'HEURE DE MANGER, NON ?
HOBBES, ON VOYAGE À LA VITESSE DE LA LUMIÈRE DANS UN ESPACE CONTINUUM INTERDIMENSIONNEL ! ATTENDS QU'ON ARRIVE !

BON, JE VAIS JUSTE INVENTORIER LES SANDWICHES ET LES NOTER DANS LE JOURNAL.
TU POURRAIS M'AIDER À CONDUIRE. SI NOUS LOUPONS NOTRE SORTIE, NOUS FILERONS DROIT DANS LE BIG-BANG !

QUE SE PASSERAIT-IL ALORS ?
IL N'Y AURAIT PLUS D'UNIVERS ET PLUS DE TEMPS !

JE CROIS QU'ON DEVRAIT LES MANGER.
RESTE ASSIS, TU ME FAIS DÉVIER.

VOICI UN DIPLODOCUS ! VOILÀ L'ÈRE JURASSIQUE ! NOUS AVONS RÉUSSI.

JE NE COMPRENDS PAS QUE TU AIES VOULU REVENIR ICI.
LA DERNIÈRE FOIS, ON N'AVAIT PAS D'APPAREIL.

CE QU'IL NOUS FAUT, C'EST QUELQUES BONNES PHOTOS DE DINOSAURES ET NOUS SERONS RICHES EN RENTRANT.

SI ON EST DANS SCIENCE ET VIE, PEUT-ÊTRE QUE JE POURRAI RENCONTRER UNE DES TIGRESSES DU NUMÉRO DU MOIS D'AVRIL ! HOU LÀ LÀ !
C'ÉTAIT DES FILLES ? VRAIMENT, JE SAIS PAS COMMENT TU FAIS LA DIFFÉRENCE.

HÉ ! VOILÀ UNE CHANCE DE PRENDRE UNE PHOTO DE STÉGOSAURES !

TU VOIS, CES PHOTOS RÉPONDRONT À DES CENTAINES DE QUESTIONS SUR L'ANATOMIE ET LE COMPORTEMENT DES DINOSAURES ! LES PALÉONTOLOGISTES DONNERONT JUSQU'À LEUR DERNIER SOU POUR LES VOIR.

PRENDS UNE PHOTO DE CELUI-LÀ ! IL SOURIT.
JUSTE UNE MINUTE. JUSTE UNE MINUTE.

COMMENT S'APPELLE CETTE GROSSE BRUTE ?
UN RAP-TOR !

JE SUIS LÀ ! PAS BESOIN DE CRIER.
COURS !

EN ARRIVANT À LA MACHINE, JETTE-LUI NOS SANDWICHES ! ÇA LE DISTRAIRA LE TEMPS QUE NOUS DÉCOLLIONS.

TU PEUX JETER TA PART, JE GARDE LA MIENNE.
C'EST TOI QUI VAS SERVIR DE DÎNER ! MONTE ! MONTE !

VITE ! LANCE-LUI TOUT !
MON SANDWICH EST À LA MOUTARDE, ET LE TIEN ?

METS TES LUNETTES ! NOUS DÉCOLLONS !
HÉ, CETTE BANANE EST MOLLE. JE LA LUI LAISSE.

HOURRA ! ON EST PARTIS !
TIENS.

OUF, C'ÉTAIT JUSTE, MAIS ÇA VAUDRA LE COUP QUAND ON AURA DÉVELOPPÉ CES PHOTOS.
PUISQUE J'AI SAUVÉ TON SANDWICH, JE PEUX L'AVOIR ?

HÉ MAMAN, DEVINE OÙ HOBBES ET MOI ON A ÉTÉ !

J'AI VU OÙ TU ÉTAIS. TU JOUAIS DANS UNE BOÎTE PAR LÀ-BAS.
NON ! ÇA N'ÉTAIT QUE NOTRE IMAGE.

NOUS AVONS REMONTÉ LE TEMPS JUSQU'AU JURASSIQUE, MAIS NOUS SOMMES REVENUS À LA SECONDE OÙ NOUS SOMMES PARTIS ! VOILÀ POURQUOI TU AS CRU QU'ON N'EST PAS PARTIS, ON A VU UN TAS DE DINOSAURES !

BON, ALORS TU N'AS PAS PERDU TA MATINÉE !
OUI. TU PEUX PORTER CE FILM À DÉVELOPPER ? JE TE REMBOURSERAI QUAND LES MAGAZINES AURONT PAYÉ POUR MON HISTOIRE.

HOBBES, REGARDE ! ON A NOS PHOTOS DE NOTRE VOYAGE AU JURASSI-QUE !
OH LÀ LÀ ! FAIS VOIR !

WAOU ! ELLES SONT BONNES ! REGARDE CET APATOSAURE !
C'EST MOI ! C'EST MOI !

OUI ! OUI ! ON EST RICHES ! AH HA ! ON PEUT AVOIR NOTRE PROPRE APPARTEMENT !
CE DINOSAU-RE A BOUGÉ !

J'ACHÈTERAI AUSSI UNE VOITURE, MAIS COMME IL FAUT ATTENDRE UNE DIZAINE D'ANNÉE POUR CONDUIRE, ON PRENDRA UN CHAUFFEUR.
SI ON LE PAYE, ON AURA LE DROIT DE S'ASSEOIR DEVANT ET DE KLAXONNER, HEIN ?

DOMMAGE QUE TU N'AIES PAS ÉTÉ PLUS GENTIL CES DERNIÈRES ANNÉES, PAPA.

PARDON ?
OUI, ON PEUT PAS DIRE QUE J'AI VRAIMENT ENVIE DE PARTAGER MES MILLIONS AVEC TOI. TIENS, REGARDE !

DES DINOS ?
HOBBES ET MOI, ON A ÉTÉ DANS LE JURASSIQUE ET ON A RAMENÉ CES PHOTOS. ON VA ÊTRE RICHES !

J'IMAGINAIS PAS QUE LES DINOSAURES ÉTAIENT EN PLASTIQUE.
QU'EST-CE QUE TU INSINUES ?

PAPA NE CROIT PAS QU'ON AIT ÉTÉ DANS LE JURASSIQUE PRENDRE DES PHOTOS DE VRAIS DINOSAURES.

SELON LUI, J'AURAIS MIS MES JOUETS DANS LE JARDIN POUR LES PRENDRE EN PHOTO ! IL DIT QUE NOTRE PLAN POUR FAIRE FORTUNE NE MARCHERA PAS !

AH BON ?
IL DIT QUE SI ON VEUT VRAIMENT GAGNER UN EURO, IL NOUS LES DONNERA SI ON ENLÈVE LES FEUILLES DE L'ALLÉE -

RIEN QU'UN EURO !
ALORS, JE LUI AI RÉPONDU QUE JE VOULAIS PAS GAGNER D'ARGENT À CE PRIX-LÀ !

Calvin et Hobbes
WATTERSON

ENCORE UN DE CES JOURS !

OHOH ! PAR UNE AUTRE MYSTÉRIEUSE BIZARRE-RIE DE LA VIE, CALVIN NE MESURE QUE DEUX CENTIMÈTRES SUR LE BUREAU !

SON SEUL ESPOIR EST DE DÉCHIRER UNE FEUILLE DU BLOC !

VU SA PETITE TAILLE, PLIER LA FEUILLE EST DIFFICILE, MAIS BIEN-TÔT SA PATIENCE EST RÉCOMPENSÉE !

IL SE LANCE ET ATTRAPE UN PETIT COURANT D'AIR QUI L'ÉLÈVE AU-DESSUS DU BUREAU !

PAR LA FENÊTRE OUVERTE, UNE BOURRASQUE PORTE CALVIN DANS LA MAISON !

VOILÀ PAPA ! PIQUE ! PIQUE !

OUI ! CALVIN PEUT SE DIRIGER ! ÇA DE-VRAIT ATTIRER L'ATTENTION DE PAPA !

J'AI PAS BESOIN DE PARENTS. TOUT CE QU'IL ME FAUT, C'EST UNE CAS-SETTE QUI RÉPÈTE : " VA JOUER DEHORS "!
WATTERSON

Achevé d'imprimer en septembre 2025 par la **N**ouvelle **I**mprimerie **L**aballery – 58500 Clamecy – **508046** – Dépôt légal : février 1994

Suite du premier tirage

Hors Collection, un département d'Édi8

BILL WATTERSON
CALVIN
et Hobbes 7
Que fait
la police?

ÉDITIONS
HORS
COLLECTION

Titre original : SCIENTIFIC PROGRESS GOES "BOINK"
Copyright © 1991, Bill Watterson
Distribué dans le monde par l'Universal Press Syndicate
Tous droits réservés
Copyright © 1994, Hors Collection pour l'édition française
Traduit de l'américain par Laurent Duvault
Lettrage : Martine Segard.
ISBN : 978-2-258-03642-0
Numéro d'éditeur : 480
C03642P/23